Cœur

à

Cœur

Une discussion sur l'amour et l'espoir pour notre précieuse planète

Sa Sainteté le Dalaï-Lama

Illustrations de Patrick McDonnell

F1RST
ÉDITIONS

La compassion, une fois acquise,
ouvre naturellement une porte intérieure
à travers laquelle nous pouvons communiquer
avec les humains, nos semblables,
et toutes les créatures sensibles,
aisément et de cœur à cœur.

– Sa Sainteté le Dalaï-Lama

L'activité humaine, la population et la technologie ont atteint ce seuil où notre mère la Terre ne peut plus tolérer notre présence

en silence.

FORÊT TROPICALE DE DAINTREE, AUSTRALIE

FORÊT NATIONALE DE SIERRA, ÉTATS-UNIS

FORÊT TROPICALE AMAZONIENNE, BRÉSIL

UNE FORÊT DE BAMBOUS, PLATEAU TIBÉTAIN

DHARAMSALA, INDE

Puissé-je devenir en tout temps,
aujourd'hui et à jamais, un protecteur
pour ceux qui sont sans protection,
un guide pour ceux qui se sont égarés,
un vaisseau pour ceux qui doivent franchir
des océans, un pont pour ceux qui doivent
traverser des rivières, un sanctuaire
pour ceux qui sont en danger, une lampe
pour ceux qui n'ont pas de lumière, un refuge
pour ceux qui n'ont pas d'abri et un serviteur
pour tous ceux qui sont dans le besoin.

« TOC

TOC »

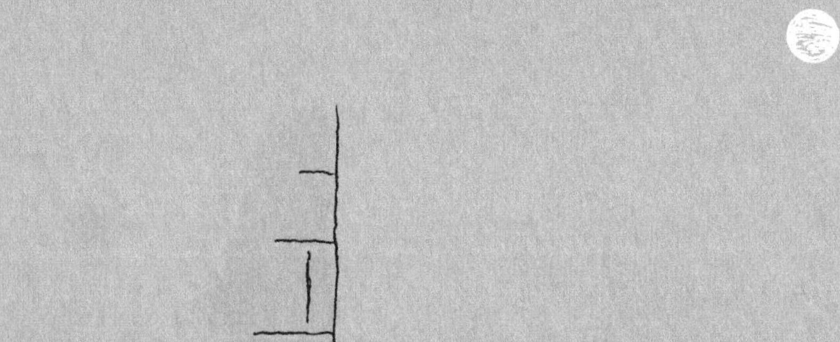

J’accueille chacun comme un ami.

En vérité, nous partageons les mêmes desseins fondamentaux :

nous recherchons tous le bonheur

et nous ne voulons pas souffrir.

Les forêts sont un don merveilleux de la nature.

Les forêts sont un baume pour l'âme.

Quand on passe du temps en forêt

et qu'on entend les oiseaux chanter,

on se sent bien intérieurement.

Notre relation aux plantes et à la nature

est inextricable, ancienne

et profondément enracinée.

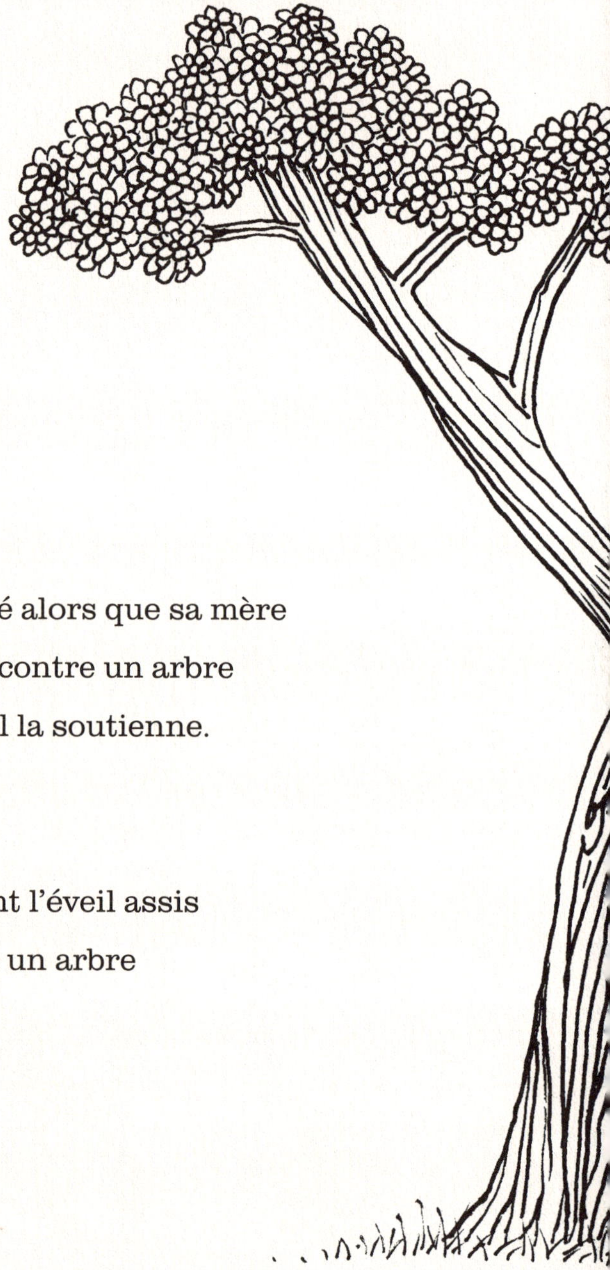

Bouddha est né alors que sa mère
s'appuyait contre un arbre
pour qu'il la soutienne.

Il a atteint l'éveil assis
sous un arbre

et il est mort

sous le regard des arbres.

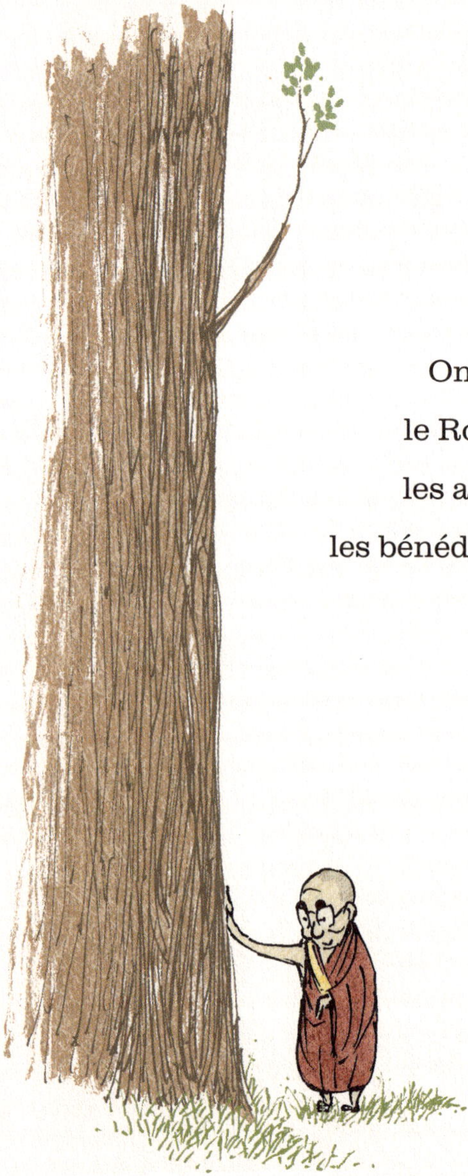

On dit que dans
le Royaume céleste,
les arbres distillent
les bénédictions du Bouddha.

Si je vois ou hume des fleurs sauvages,
ou simplement en y pensant,
je me sens particulièrement heureux.
Je me souviens de mon arrivée à Lhassa,
petit garçon de quatre ans,
de cette impression de rêver...
comme si j'étais dans un grand parc
couvert de belles fleurs
et caressé par le vent

tandis que des paons élégants dansaient devant moi.

Il y avait dans l'air

un parfum inoubliable de fleurs sauvages,

de liberté et de bonheur.

Nous éprouvons tous le besoin

d'être entourés de vie.

Nous avons besoin de vie autour de nous.

Une vie qui croît, s'épanouit et prospère.

Parce que tous,
nous voulons croître,
nous épanouir
et prospérer.

Des trois mois de voyage à travers le Tibet
depuis mon lieu de naissance à Taktser
où, petit garçon de deux ans,
l'on m'a reconnu comme le Dalaï-Lama,
je garde le souvenir des plantes
et des animaux croisés en chemin.

D'immenses troupeaux de *kyang*
(ânes sauvages) et de *drong* (yacks sauvages)
sillonnaient les vastes plaines en toute liberté.

De temps à autre, nous apercevions

des hordes scintillantes

de *gowa*,

la timide gazelle tibétaine,

de *nawa*,

le cerf à museau blanc,

ou de *tso*,

notre majestueuse

antilope.

Je me souviens aussi de ma fascination

pour les petits *chibi*, ou pikas,

qui se rassemblaient sur l'herbe.

Ils étaient si sociables.

J'aimais observer les oiseaux,
le noble *goe* (gypaète barbu)
planant au-dessus des monastères
perchés tout en haut des montagnes,

les volées de *nangbar* (oies),

et parfois, la nuit, écouter le cri

du *wookpa* (hibou moyen-duc).

Même à Lhassa, dans ma résidence au sommet du *Potala*, le palais d'hiver des dalaï-lamas, j'ai passé des heures infinies à étudier, enfant, le comportement du *khyungkar* (crave à bec rouge) qui nichait dans les fissures des murs.

Et derrière le *Norbulingka*, le palais d'été,
je voyais souvent des couples
de *trung trung* (grues à cou noir)
qui vivaient dans les marais alentour.

Des oiseaux qui, pour moi, sont l'incarnation
de l'élégance et de la grâce.

Et tout ceci sans parler

des joyaux de la faune tibétaine :

le *dhom* (ours),

le *wamo* (renard des montagnes),

le *chanku* (loup)

le *sazik* (superbe léopard des neiges)

et le *thesik* (lynx)

qui semait la terreur

dans le cœur des fermiers nomades...

ou le *dhomtra*,

le panda géant au doux visage.

Hélas !

on ne trouve plus aujourd'hui

cette profusion d'animaux.

«GRRR!»

N’oublions jamais
la souffrance qu’infligent les humains
aux autres créatures sensibles.

Un jour, peut-être, nous nous mettrons à genoux

pour implorer les animaux de nous pardonner.

De toutes les espèces animales vivant sur la planète,

les humains sont les pires nuisibles.

C’est évident.

La paix et la pérennité de la vie sur notre mère la Terre sont menacées par l'activité humaine qui méprise les valeurs humanitaires.

La destruction de la nature et de ses ressources est le résultat de l'ignorance, de l'avidité

et du manque de respect pour les créatures vivant sur Terre.

Nous autres, humains, sommes la seule espèce
dotée du pouvoir de détruire notre Terre.

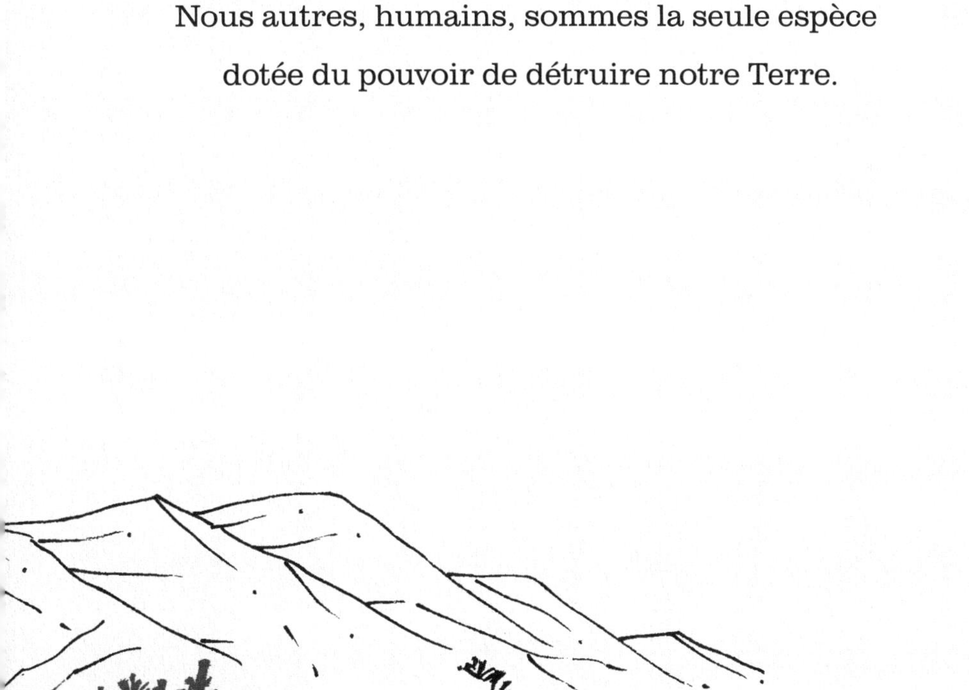

Pourtant, si nous avons la capacité de détruire la Terre, nous avons aussi celle de la protéger.

Il semble qu'en évoluant, le monde entier
est devenu beaucoup plus petit, mais que
la conscience humaine soit toujours à la traîne.

Si nous voulons un avenir meilleur,
il nous faut dès à présent nous interroger
sur notre mentalité.

Nous devons accepter notre nature et alors,
si nous en avons la volonté,
il sera véritablement possible de transformer
le cœur des hommes.

Compassion, bienveillance et altruisme
sont les clés non seulement de l'évolution
humaine mais aussi de la survie de la planète.

Le monde ne changera vraiment
que si notre cœur change.

Ce que je propose est

une révolution par la compassion.

c'est un appel à une réorientation radicale,

loin de nos habituelles préoccupations

égoïstes,

un appel à se tourner vers la vaste communauté
des êtres auxquels nous sommes tous liés
et à adopter un comportement qui prend
en compte les intérêts d'autrui en même temps
que les nôtres.

Je rejoins Shantideva lorsqu'il écrit :

L'origine de toute joie en ce monde
est la quête du bonheur d'autrui
et l'origine de toute souffrance en ce monde
est la quête de mon propre bonheur.

L'une des visions les plus marquantes
qui m'aient été données est celle
de la première photographie
de la Terre depuis l'espace.

Cette image d'une planète bleue
flottant dans l'espace infini,

brillante comme la pleine lune par une nuit sans nuage, m'a fait prendre conscience avec force que nous sommes tous les membres d'une même famille partageant une petite maison.

Cette magnifique planète bleue est notre unique demeure. Ce qui s'y passe nous affecte tous. Nous devons apprendre à vivre en harmonie et en paix les uns avec les autres et avec la nature.

Ce n'est pas seulement un rêve
mais une nécessité.
Si nous ne prenons pas soin de cette maison,
de quoi d'autre serons-nous responsables
sur cette Terre ?

Tout est interdépendant,
tout est inséparable.

Notre bien-être individuel
est intimement lié à celui des autres,
mais aussi à celui de notre environnement.

Chacun de nos actes,
de nos gestes, chacune de nos paroles
et pensées, aussi minimes ou inconséquents
qu'ils paraissent, a une conséquence
non seulement pour nous-mêmes,
mais aussi pour tous les autres.

Nous sommes tous interconnectés dans l'univers. De là naît la responsabilité universelle.

Les créatures qui peuplent cette Terre
– qu'elles soient humaines ou animales –
sont ici pour contribuer,
chacune à sa façon particulière,
à la beauté et la prospérité du monde.

Je crois que chacun a le devoir
de créer un monde plus beau.
Nous devons, en définitive, nous préoccuper
davantage du bien-être d'autrui.

En d'autres termes, il nous faut manifester
la bonté ou la compassion qui nous manquent
aujourd'hui.

Nous devons prêter plus d'attention
à nos valeurs intimes pour sentir
peu à peu que l'humanité
ne fait qu'Une.

Si vous voulez changer le monde, essayez
d'abord de vous améliorer, de changer,
au plus profond de vous.

Créer un monde plus paisible exige
un esprit paisible et un cœur paisible.

Un cœur bienveillant est
la source de tout bonheur
et de toute joie, et nous pouvons
tous nous montrer généreux
avec un peu d'effort.

Mais le mieux est encore de posséder
le *bodhicitta*, un cœur bienveillant
empreint de sagesse.

Nous devons cultiver une compassion

assez puissante pour nous pousser

à favoriser le bien-être d'autrui,

pour avoir vraiment la volonté
d'endosser la responsabilité
de ce changement.

Au Tibet, on appelle cette compassion

nying je chenpo,

littéralement

« grande compassion ».

En adoptant
une attitude responsable à l'égard des autres,
nous pouvons envisager de créer le monde
plus clément et plus empathique
dont nous rêvons tous.

Le plus important, c'est ce qui est dans notre esprit, ici, maintenant, et la façon dont nous employons cet esprit chaque jour.

Chassez les pensées chargées du malaise et des inconforts provoqués par un esprit négatif, par des idées négatives.

Demandez-vous si elles sont utiles ou non
pour l'humanité et la santé de notre planète.

Si vous voulez que les autres soient heureux,

pratiquez la compassion.

Si vous voulez être heureux,

pratiquez la compassion.

C'est ma religion toute simple.

Pas besoin de temples,

pas besoin de philosophie complexe.

Ma philosophie, c'est...

Soyez bienveillant

chaque fois que c'est possible.

Et c'est toujours possible.

La compassion est le radicalisme

de notre époque.

Aimez chaque créature sensible

comme votre propre mère.

Pour certains, prôner cet idéal
d'amour inconditionnel est irréaliste.

Je les invite néanmoins à tenter l'expérience.

Ils découvriront que, lorsque nous franchissons
les limites étroites de l'intérêt personnel,
notre cœur s'emplit de force.

La paix et la joie deviennent
nos fidèles compagnes.

Elles font tomber toutes les barrières

et, pour finir, anéantissent l'idée selon

laquelle mon intérêt

est indépendant de celui des autres.

Là où cohabitent affection,

bonté et compassion,

les actes éthiquement sains

naissent naturellement.

Tout ce que nous faisons produit
un effet – même un tout petit geste.

Il paraît insignifiant mais,
multiplié par les milliards d'autres
personnes qui agissent de même,
son impact peut être énorme.

En définitive, chaque individu
a le devoir de guider notre
famille mondiale dans la bonne direction.

Les bons sentiments à eux seuls ne suffisent pas :
nous devons assumer

nos responsabilités.

L'espoir d'un avenir meilleur existe bel et bien.

Il dépend entièrement de nos actes (*karma*).

Il n'y a que deux jours dans l'année

où l'on ne peut rien faire.

L'un s'appelle **Hier**,

et l'autre se nomme **Demain**.

Aujourd'hui est le bon jour pour aimer, croire, agir et, surtout, vivre de façon positive pour aider les autres.

Je prie au nom de tous
pour qu'ensemble nous réussissions
à bâtir un monde de compassion
grâce à la compréhension et à l'amour,
et qu'ainsi nous parvenions à soulager
le chagrin et la douleur
de toutes les créatures sensibles.

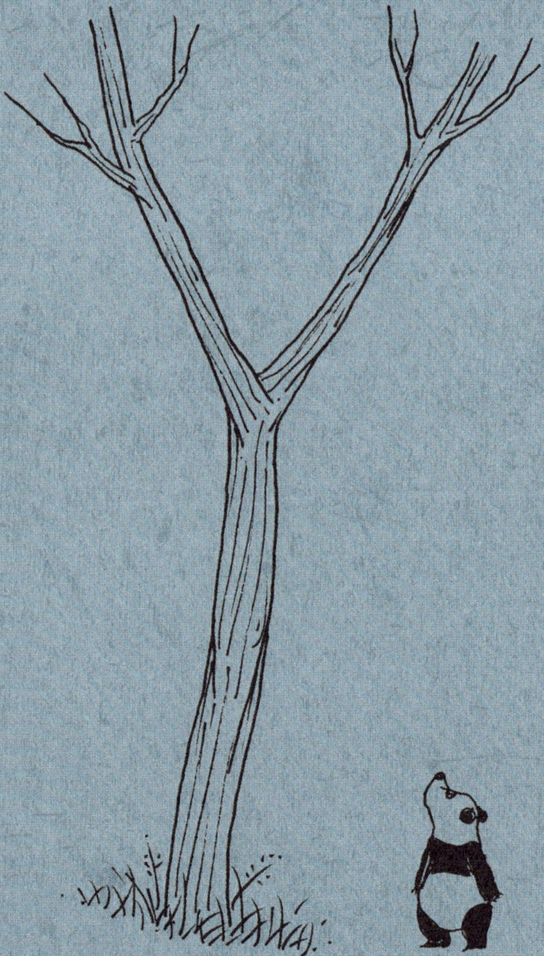

Puissé-je devenir en tout temps, aujourd'hui et
à jamais, un protecteur pour ceux qui sont sans
protection, un guide pour ceux qui se sont égarés,
un vaisseau pour ceux qui doivent franchir
des océans, un pont pour ceux qui doivent
traverser des rivières,

un sanctuaire pour ceux qui sont en danger,
une lampe pour ceux qui n'ont pas de lumière,
un refuge pour ceux qui n'ont pas d'abri
et un serviteur pour tous ceux qui sont
dans le besoin.

Tant que perdure l'espace,
tant que demeurent les êtres vivants,
puissé-je moi aussi exister
pour dissiper la misère du monde.

« TOC

TOC »

Puissent toutes les créatures sensibles,

une à une et toutes ensemble,

trouver le bonheur perpétuel

à travers l'amour et la compassion

mêlés de sagesse.

LE DALAÏ-LAMA

Chaque jour, partout dans le monde, nous constatons les conséquences dévastatrices de notre mépris pour notre précieuse planète, notre unique demeure.

La Terre-Mère nous donne une leçon sur la nécessité d'une responsabilité universelle.

Nous ne pouvons plus fermer les yeux en espérant que ce que subit la nature n'est pas aussi grave que le prétendent de nombreux experts. Nous devons tous agir pour protéger la fragilité de la planète avant qu'il ne soit trop tard.

Le noble panda qui figure dans ce livre est un ours innocent qui doit affronter de terribles menaces. Avec le changement climatique, il voit son habitat disparaître et sa population diminuer. Nous aussi sommes témoins de ces phénomènes. Mais, contrairement au panda et aux autres animaux, nous avons le pouvoir d'y remédier.

Je nourris l'espoir que ce livre ouvrira les yeux, l'esprit et le cœur de tous, en particulier de la jeunesse, sur l'importance de la bienveillance et de la compassion vis-à-vis de cet environnement dont notre survie dépend tellement.

Sa Sainteté le Dalaï-Lama est le chef spirituel des bouddhistes tibétains. Né le 6 juillet 1935 dans une famille de paysans du Tibet oriental, il est reconnu à l'âge de 2 ans comme la réincarnation du treizième Dalaï-Lama, chef spirituel et temporel du Tibet.

Le Dalaï-Lama se considère comme un simple moine bouddhiste. Il déclare souvent : « J'ai perdu ma liberté à 16 ans et mon pays à 24 ». Après l'invasion du Tibet par la Chine communiste en 1950, il trouve refuge en Inde, en mars 1959.

Il vit aujourd'hui à Dharamsala, dans l'État de l'Himachal Pradesh, au nord de l'Inde.

Le Dalaï-Lama parcourt le monde pour transmettre son message de paix et de compassion, soulignant l'importance de reconnaître l'unité des sept milliards d'êtres humains qui peuplent notre planète. Le prix Nobel de la paix lui est décerné en 1989 pour sa campagne pacifique visant à mettre fin à la domination chinoise sur le Tibet, et pour son approche éthique de la lutte contre le changement climatique.

En 2011, le Dalaï-Lama transfère son autorité politique aux dirigeants élus.

La préservation de l'environnement est un principe essentiel du Dalaï-Lama, qui prône la responsabilité universelle. Il insiste sur le fait que chacun d'entre nous a la responsabilité de veiller à ce que le monde soit sûr pour les générations futures – pour nos petits-enfants comme pour nos arrière-petits-enfants.

Patrick McDonnell est le créateur du comic strip populaire *Earl & Mooch*, publié pendant plus de vingt-cinq ans dans vingt pays et plus de sept cents journaux. Charles Schulz a dit d'*Earl & Mooch* qu'il s'agissait de « l'un des meilleurs comic strips de tous les temps ». Cette œuvre a reçu de nombreux prix récompensant à la fois sa qualité et sa thématique liée à la protection des animaux et de l'environnement.
McDonnell est l'auteur de plusieurs albums illustrés figurant parmi les meilleures ventes du *New York Times*, dont *Un petit cadeau de rien du tout* et *La petite fille aux singes* (une biographie de l'enfance de Jane Goodall). Il a collaboré avec le maître spirituel Eckhart Tolle pour *Gardiens de l'être*, et avec Daniel Ladinsky, poète et traducteur de Djalâl ad Dîn Rûmî, pour *Darling, I Love You*.

∞

Patrick souhaite remercier Sa Sainteté le Dalaï-Lama, Pam Cesak, Tencho Gyatso, Tseten Samdup Chhoekyapa, Judith Curr, Anna Paustenbach, Shawn Dahl, Robert McDonnell, Henry Dunow, Stu Rees, Karen O'Connell et tous ceux qui contribuent à faire du monde un endroit plus clément et plus sûr pour toutes les créatures.

Cet ouvrage regroupe plusieurs textes déjà parus dans :
My Tibet, © Sa Sainteté le Dalaï-Lama, 1995.
En accord avec les presses de l'université de Californie.
Ethics for the New Millennium, © Sa Sainteté le Dalaï-Lama, 1999.
En accord avec Riverhead, une maison du groupe Penguin Publishing,
Penguin Random House LLC. Tous droits réservés.
Our Only Home: A Climate Appeal to the World,
© Sa Sainteté le Dalaï-Lama et Franz Alt, 2020. Publié pour
la première fois aux États-Unis par Harlequin et avec leur permission.

Titre original : *Heart to heart*. Publié pour la première fois en anglais
par HarperCollins Publishers, 2023.

HarperCollins Publishers
195 Broadway
New York, NY 10007

ISBN : 978-2-412-08665-0
Dépôt légal : octobre 2023
Imprimé en France par Pollina - 47389

Directrice éditoriale : Marie-Anne Jost-Kotik
Responsable éditoriale : Aline Sibony
Éditrice : Alexandra Rousselle
Traductrice : Emmanuelle Debon
Mise en pages : SHAWN DAHL, DAHLIMAMA INC

Éditions First, un département d'Édi8, pour l'édition française.
92, avenue de France
75013 Paris, France
Tél. : 01 44 16 09 00 / Fax : 01 44 16 09 01
firstinfo@efirst.com
editionsfirst.fr
